Bärbel Wenzelburger

Ravensburger® Hobbykurse

Porzellan bemalen

in „Waterbased“-Technik

Otto Maier Ravensburg

Die Deutsche Bibliothek – CIP-Einheitsaufnahme:
Porzellan bemalen / Bärbel Wenzelburger.
– Ravensburg : Maier, 1993
(Ravensburger Hobbykurse)
ISBN 3-473-45712-4
NE: Wenzelburger, Bärbel

Verwendet wurde Porzellan der Marken: Arzberg, Bianca, Classic Rose, Mitterteich, Pordamsa, Tirschenreuth, Winterling.

Fotos: Ulrich Kopp, Bärbel Wenzelburger
Zeichnungen: Bärbel Wenzelburger
Titelgestaltung: Ekkehard Drechsel BDG
Gesamtherstellung: Himmer, Augsburg
Printed in Germany

96 95 94 93 4 3 2 1

ISBN 3-473-45712-4

Inhalt

Einleitung

Ein formschönes Geschirr, eine schlichte Vase oder eine hübsche Dose aus weißem, makellosem Porzellan sind schon für sich eine Augenweide. Doch um wieviel mehr gewinnt ein solches Stück an ideellem Wert, wenn es eigenhändig bemalt ist!

Auch wer zunächst glaubt, nicht malen zu können, wird mit der Porzellanmalerei bald schöne Erfolge erzielen, weil sie anderen Maltechniken etwas voraus hat: Es kann nach Herzenslust wieder weggewischt, ausgebessert oder ergänzt werden, denn die Farben haften zunächst nur oberflächlich auf der Glasur und verbinden sich erst durch das Einbrennen dauerhaft mit dem Porzellan.

Neu für die Porzellanmalerei ist die hier vorgestellte „Waterbased"-Technik, die gegenüber der herkömmlichen Öltechnik entscheidende Vorteile bietet: das Arbeiten mit einem völlig ungiftigen Malmedium (LINE MEDIUM), das auf Wasserbasis aufgebaut ist und sich hervorragend mit den für die Porzellanmalerei erhältlichen Farbpulvern mischen läßt. Damit entfällt beim Malen der lästige Geruch des Copavaöls, den man früher immer in der Nase hatte, und auch beim Einbrennen der Farbe entweichen keinen schädlichen Dämpfe mehr.

Übrigens: Weißes Porzellan wird heute überall sehr kostengünstig angeboten. Viel Freude also mit Ihrem neuen Hobby, der Porzellanmalerei!

Porzellan, das „weiße Gold“

Mutterland des Porzellans ist China, wo es vermutlich bereits vom 7. Jahrhundert an hergestellt wurde. Zu höchster Vollendung gelangte die Kunst der Porzellanherstellung unter Kaiser K'ang-hi. Die Japaner übernahmen sie von den Chinesen und übten sie in großem Umfang seit Anfang des 17. Jahrhunderts aus. Nach Europa gelangte das erste Porzellan aus dem fernen, geheimnisvollen China ungefähr Ende des 13. Jahrhunderts. Es galt damals als eine ausgesprochene Rarität. Heute wissen wir, daß bereits um 1500 in Venedig und Mitte des 16. Jahrhunderts an italienischen Fürstenhöfen Versuche unternommen wurden, es nachzuahmen. Die im 17. Jahrhundert in Holland aufblühende Delfter Fayence kopierte ostasiatische Vorbilder und bot damit einen wohlfeilen Ersatz für das überaus kostbare Porzellan. Im Jahre 1705 schließlich, im unter der Herrschaft des prunkliebenden Königs August der Starke aufblühenden Land Sachsen, gelang (nach wissenschaftlichen Experimenten des Physikers Ehrenfried Walter von Tschirnhaus) dem Alchimisten Johann Friedrich Böttger die Erfindung des europäischen Hartporzellans. Böttger hatte sich dem sächsischen Hof als Goldmacher empfohlen; vom König unter strengem Arrest zur Einhaltung dieses Versprechens gedrängt, schuf er statt dessen „das weiße Gold“. Zwei Jahre darauf wurde die bald weltberühmte Meißener Porzellanmanufaktur gegründet.

Verschiedene Porzellanarten

Das handelsübliche Porzellan läßt sich nach folgenden Sorten unterscheiden:
Hartporzellan findet wegen seiner besonders festen Struktur und seiner Unempfindlichkeit gegen Temperaturschwankungen vorwiegend Verwendung als Gebrauchsgeschirr.
Weichporzellan ist empfindlicher und eignet sich daher besonders für Figuren und andere Ziergegenstände.
Knochenporzellan ist auch unter der Bezeichnung „Bone China“ bekannt und wird sowohl für Ziergegenstände als auch für Geschirr verwendet.
Biskuitporzellan wird für Puppen und Figuren bevorzugt – seine unglasierte, matte Oberfläche und die poröse Struktur machen es für Gebrauchsgegenstände ungeeignet.
Frittenporzellan ist eine Art Weichporzellan von besonderer Zusammensetzung und glasartigem, milchig-trübem Aussehen.

Techniken und Materialien

Maltechniken

Bei der Porzellanmalerei unterscheidet man zwei Maltechniken:

- Die Unterglasurmalerei ist eine Einsinkmalerei auf unglasiertem Porzellan. Die Farbe haftet sofort und die Malerei ist kaum mehr korrigierbar. Erst nach dem Bemalen wird glasiert.
- Bei der Aufglasurmalerei wird auf das glasierte weiße Porzellan gemalt. Die Malerei läßt sich während der Arbeit leicht korrigieren, denn sie verbindet sich erst beim Brand (750–840 °C) mit der Glasur. Sie hat zwar nicht ganz die Stabilität der Unterglasurmalerei, hält aber auch bei häufigem Gebrauch sehr gut – wenn das bemalte Geschirr nicht in die Spülmaschine kommt.

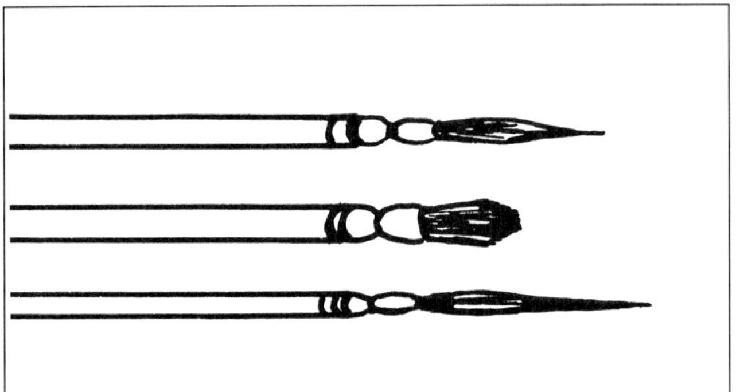

Malübungen für Blätter

Übungen zum Pinsel-
druck für das Malen
von Blättern

Verschiedene Blätter

Rosenblatt

Tulpenblatt

Efeublatt

Anemonenblatt

Verschiedene Gräser

In diesem Buch wird nur die Aufglasurmalerei vorgestellt, da sie für den Hobbymaler am einfachsten zu handhaben ist.

Farben

Porzellanfarben erhalten Sie im Fachhandel; sie werden vorwiegend in Pulverform angeboten. Die Farben eines Herstellers sind – ausgenommen Rot – untereinander mischbar. Rot darf nur rein aufgetragen werden, da es sich schon bei geringster Vermischung mit anderen Farben beim Brennen unschön verfärbt.

LINE MEDIUM

Das Farbpulver muß mit einem Malmedium vermischt werden, damit eine gebrauchsfähige Farbpaste entsteht. In diesem Buch wird nur das giftfreie, geruchlose LINE MEDIUM verwendet, das viele von Ihnen vielleicht aus der Porzellanpuppen-Malerei kennen. Dieses Malmittel ist auf Wasserbasis aufgebaut – deshalb entstehen, anders als bei der herkömmlichen Porzellanmalerei mit Copava- oder Terpentinöl, auch beim Brennen keine belästigenden Dämpfe. Ein weiterer Vorteil: Die mit LINE MEDIUM angerührten Farben können Sie – staubfrei verschlossen – längere Zeit aufbewahren, ohne daß sie austrocknen, wie das bei ölvermischten Farben der Fall ist.

Anmischen der Farben

Setzen Sie eine Messerspitze Farbpulver auf eine Palette (oder Kachel, Glasscheibe, flache Plastikschale) und geben Sie vorsichtig einen Tropfen LINE MEDIUM dazu. Dann verreiben Sie mit Hilfe eines Malspachtels Farbe und Malmittel zu einer klumpenfreien Paste (vgl. auch Seite 58). Ist die Paste anfänglich zu dick, so fügen Sie tropfenweise so lange Malmittel hinzu, bis sie sich gut verstreichen läßt.

Pinsel

Zum Malen verwenden Sie Pinsel aus Fehhaar in verschiedenen Stärken; zum Stupfen (vgl. Seite 26) eignen sich am besten Marderhaarpinsel.

Brennen

Erst durch das Brennen, bei dem Farbpulver und Glasur sich miteinander verbinden, wird die Malerei auf dem Porzellan haltbar. Für den Brennprozeß (bei Temperaturen von 750–840 °C, je nach Farbenhersteller) werden spezielle Keramik- oder Porzellanbrennöfen verwendet. Sie sind in großer Dichte vorhanden; der Fachhandel informiert Sie gern, wo sich in Ihrer Nähe eine Brennstation befindet.

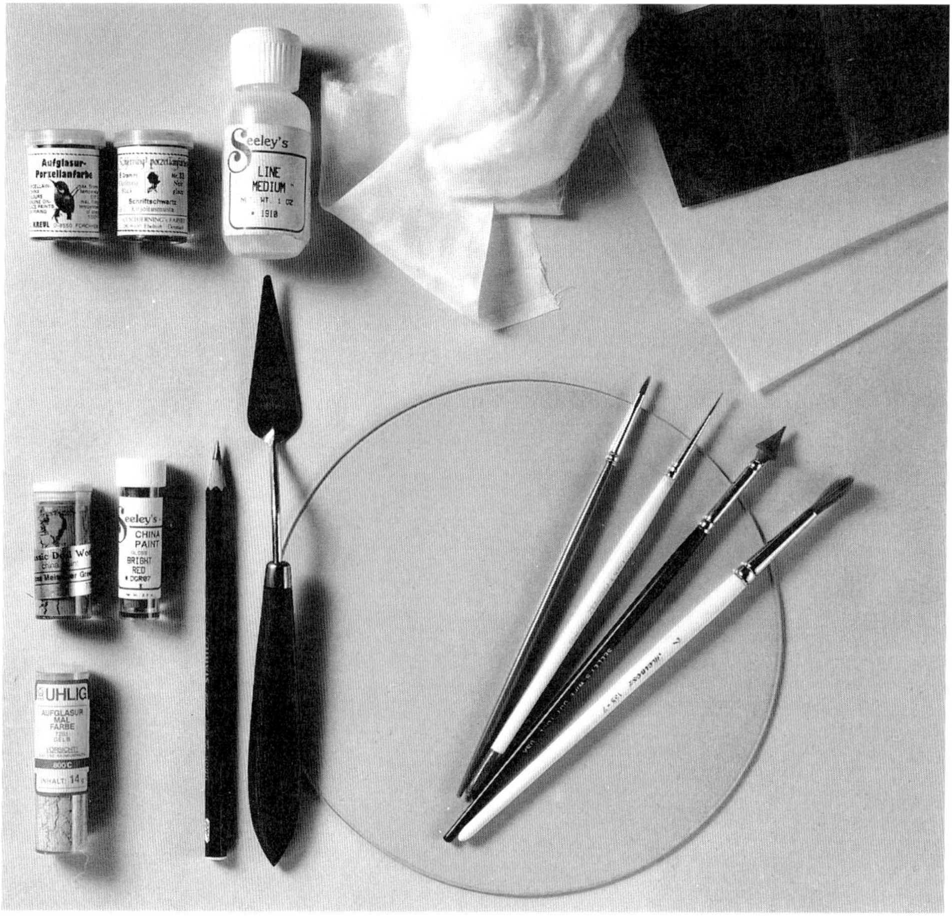

Das braucht man: Porzellanfarben (hier von verschiedenen Herstellern), Malmittel LINE MEDIUM, ein Stück Seide und etwas Watte zum Stupfen, Graphitpapier, Transparentpapier, Allstift (z. B. von Stabilo), Malspachtel, Fehhaarpinsel, Gummistift, Marderhaarpinsel, Glasplatte o. ä. zum Mischen der Farben.

Hübsche Motive können Sie z. B. bei Naturstudien entdecken, aber auch auf Kalenderblättern, in Illustrierten und Prospekten, auf Geschenkpapier, Papierservietten oder Tapeten finden Sie geeignete Motive. Natürlich gibt es auch spezielle Malvorlagen für die Porzellanmalerei. Wie man sie problemlos auf das Porzellan überträgt, ist auf Seite 18 genau erklärt.

Malübungen für verschiedene Blüten

Gestaltung einer Rose

Zentrieren

Ansatz der Blütenblätter

Heckenrose

Ausmalen einer Rosenknospe

Astern

Narzissen

Mohnblüten

Glockenblumen

Verschiedene Vorlagen als Anregungen zur Dekoration
von Tellern und Schüsseln

Vorlage (Originalgröße) für den Teller mit Veilchendekor auf Seite 16

Blumenmalerei

Traditionell bevorzugt man in der Porzellanmalerei Motive, die sich aus Blättern, Blüten und Rankenwerk zusammensetzen. Dabei haben sich zwei Richtungen herausgebildet: einerseits die sogenannte Maniermalerei, die die Blumen und das Blattwerk stilisiert, also vereinfacht wiedergibt, andererseits die naturalistische

Für den Anfänger ist es am einfachsten, mit einer vorhandenen Vorlage zu beginnen – zum Beispiel mit diesem Veilchendekor; die Vorlage dazu finden Sie auf Seite 15.

Malerei, die nach höchster Naturtreue in der Darstellung strebt.

Übertragen des Motivs

Anhand des Veilchendekors auf Seite 16 wird hier das Übertragen des Motivs auf das Porzellan erklärt. Wenn Sie die Veilchenranke in Originalgröße übernehmen, zeichnen Sie einfach die Vorlage von Seite 15 mit einem Bleistift auf Transparentpapier durch. Hat der von Ihnen gewählte Teller nicht die passende Größe, können Sie die Vorlage mit Hilfe eines Kopiergeräts zunächst vergrößern oder verkleinern und dann erst auf Transparentpapier durchpausen. Die Vorlage wird dann, mit Graphitpapier unterlegt, auf dem Porzellan fixiert. Die Fotos unten zeigen, wie es weitergeht.

Übertragen Sie das Motiv auf das Porzellan, indem Sie die Vorlage mit Graphitpapier unterlegen, mit Klebestreifen fixieren und dann mit einem harten Stift (auch Kugelschreiber oder Stricknadel) die Linien und Konturen nachzeichnen. Wichtig: Das Porzellan muß gut gereinigt und frei von Staub und Fett sein.

Wenn nach dem Durchpausen nicht alle Linien klar und vollständig auf dem Porzellan erkennbar sind, so können Sie sie – direkt auf dem Porzellan – mit Hilfe eines Allstifts (z. B. Allstabilo) ergänzen. Nur diese Art von Zeichenstift hinterläßt nach dem Brennen keine Rückstände.

Jetzt kann das Motiv ausgemalt werden. Beginnen Sie mit den Blüten und achten Sie dabei auf Hell- und Dunkelschattierungen, damit sich die einzelnen Blütenblätter gut voneinander abheben. Danach werden Blattwerk und Stengel in verschiedenen Grüntönen angelegt; sie sollen nicht dominieren. Anschließend folgt der erste Brand.

Durch das Einbrennen sind auch die Graphitlinien verschwunden und müssen da, wo noch nicht ausgemalt worden ist, nachgezogen werden. In diesem Fall ist es das Rankenwerk, das jetzt an die Reihe kommt. Dann werden Blattrippen und Staubgefäße betont, eventuell Schattierungen vertieft. Mit dem zweiten Brand erhält die Malerei ihren endgültigen Glanz.

Bei Blumenmotiven in der Art der Maniermalerei ist es immer wieder ratsam, sich – trotz vorhandener Vorlage – an der Natur zu orientieren, um typische Merkmale besser erkennen und sie in der Malerei herausarbeiten zu können.

Rosenmotive

Rosen gehören unbestreitbar zu den beliebtesten Motiven der Blumenmalerei. Sicher haben auch Sie schon einmal die zauberhaft gemalte rote Rose in der Meißener Blumenmalerei bewundert.
Malübungen zur Gestaltung einer Rosenblüte finden Sie auf Seite 12. Auch wenn Sie ein fertiges Rosenmotiv als Vorlage haben, sollten Sie das Ausmalen vorher auf Papier, mit Wasser- oder Bastelfarben, unbedingt üben, damit Sie ein Gefühl für die Abstufungen und Schattierungen bekommen.
Die Schönheit einer Rose wird durch die Farbe Rot wirkungsvoll unterstrichen. Doch gerade das Rot ist in der Porzellanmalerei eine recht problematische Farbe –

Für die Rosen auf diesem Teller wurde Purpurrosa (auch als Rosenpurpur im Handel – die Bezeichnungen sind bei den verschiedenen Herstellern unterschiedlich) verwendet.
Die Vorlage finden Sie auf Seite 22.

es darf keinesfalls mit anderen Farbtönen vermischt werden, da es sonst beim Brennen verblaßt; das Rot erscheint dann oft nur noch als Schatten. Farbabstufungen erhält man am besten durch mehrere Farbaufträge, denen dann jedesmal ein erneutes Einbrennen folgt. Geeignete Farbtöne für die Rosenmalerei sind Purpurrot und -rosa, Yellow Red und Bright Red. Für die Blätter braucht man zwei bis drei Grüntöne, für die Stiele und die Blattrippen schließlich noch Braun.

Ein Arrangement oder einen ganzen Rosenstrauß kann man sich selbst aus einzelnen Blüten zusammensetzen, wie auf den Fotos unten gezeigt.

Von einem Foto, einer Glückwunschkarte oder einer entsprechenden anderen Vorlage pausen Sie nun verschiedene Blüten und Blattwerk einzeln auf Transparentpapier durch. Sollte die Größe der Vorlage nicht passend sein, helfen Sie sich mit einem Kopiergerät beim Vergrößern oder Verkleinern.

Nun können Sie Ihren ganz individuellen Rosenstrauß zusammenstellen, indem Sie Blüten und Blattwerk einzeln ausschneiden und nach Ihren Vorstellungen zusammenstellen (vgl. auch Seiten 26/27). Die Einzelteile durch Klebestreifen fixieren und das Ganze erneut auf Transparentpapier durchzeichnen.

Vorlage in Originalgröße für den Teller mit Rosendekor
auf Seite 20

Verschiedene Rosenmotive

B. Wenzelburger
B. Wenzelburger

B. Wenzelburger
B. Wenzelburger

Blumenarrangements

Die Wandteller auf den Seiten 24/25 zeigen jeweils charakteristische Blumen und Pflanzen einer Jahreszeit. Um solche Buketts aus verschiedenen Blüten und Blättern zusammenzustellen, bieten sich neben Vorlagen aus der Natur wiederum Fotos oder Zeichnungen aus verschiedenen Druckerzeugnissen oder Vorlagen zur Hobbymalerei an. Natürlich ist es wichtig, nur solche Blumen und Pflanzen auszuwählen, die in Form und Farbe miteinander harmonieren.

Die Technik des Stupfens

Bei den Jahreszeiten-Tellern sind die Motive mit einem farbigen Hintergrund unterlegt. Da sich die Porzellanfarben nicht gut flächig ausmalen lassen, werden größere Flächen am besten „gestupft“. Zunächst muß allerdings erst einmal die fertige Blumenmalerei eingebrannt werden.

Das Handwerkszeug für das Stupfen können Sie leicht selbst herstellen. In ein Stück Seide (ca. 10 x 10 cm) wird etwas Watte eingebunden, so daß eine feste Kugel entsteht. Diese wird in die angemischte Farbe getaucht und die Farbe dann gleichmäßig auf der Porzellanfläche „verstupft“. Kleinere Flächen stupfen Sie besser mit einem Marderhaarpinsel oder mit einem in Seide eingebundenen Wattestäbchen.

Wenn Sie für den Fond eine intensivere Farbgebung wünschen, so stupfen Sie die Farbe in mehreren Schichten; die Farbe muß aber nach jeder Schicht eingebrannt werden (s. auch Seite 59).

Wo notwendig, vergrößert oder verkleinert man die einen oder anderen Blüten oder Blätter mit Hilfe eines Kopiergeräts, so daß alle Pflanzenteile auch in der Größe zusammenpassen.

Die einzelnen Blüten und Blätter werden nun in groben Umrissen ausgeschnitten.

Jetzt legen Sie die ausgeschnittenen Teile zu einem Strauß zusammen. Dann werden die Stiele verlängert und das Rankenwerk eingefügt. Wenn Sie mit Ihrem Bukett zufrieden sind, fügen Sie die losen Teile mit Klebestreifen zusammen, damit sich nichts mehr verschieben kann, und pausen den so entstandenen Strauß ohne Überschneidungen auf Transparentpapier durch.

Das ist die fertige Vorlage für den Winterstrauß auf dem Jahreszeiten-Teller von Seite 25 – zusammengefügt aus lauter einzelnen Blüten und Blättern.

Chinesische Blumenmotive

Für die beiden Mokkagedecke dienten zarte Tuschmalereien aus China als Vorbild. Wie schon beschrieben, paust man auch hier die Motive ab, verkleinert oder vergrößert mit Hilfe eines Kopiergeräts, schneidet die einzelnen Teile gegebenenfalls auseinander, fügt sie neu zusammen und überträgt die endgültige Vorlage auf das Porzellan. Dann malt man die einzelnen Blüten, Blätter und Stiele und fixiert die Malerei mit dem ersten Brand. Anschließend werden die Staubgefäße betont, die Konturen der Blütenblätter nachgezogen und einzelne Blütenblätter, wo nötig, durch intensivere Farbgebung betont. Dann folgt der zweite Brand.

Anregungen zur Gestaltung für die Mokkagedecke gaben diese Kalenderblätter mit chinesischen Tuschemalereien.

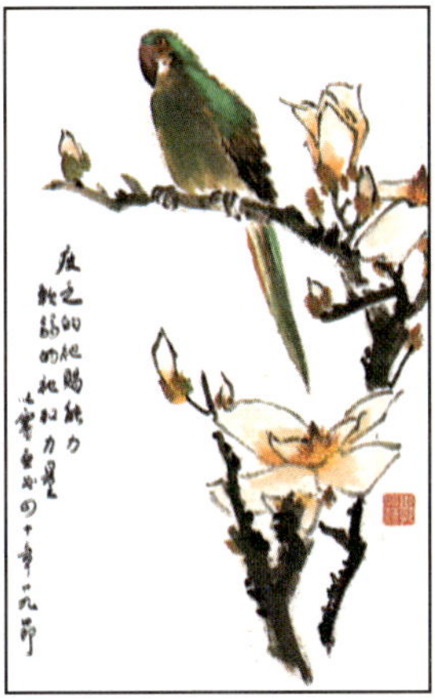

Vorlagen in Originalgröße
für die beiden Mokkagedecke
auf den Seiten 28/29

Malanregungen für kleinere Porzellanteile
wie Obstteller, Konfektschälchen, Kacheln

Malvenranke

Die Malvorlage für diesen Teller (Durchmesser 28 cm) finden Sie – in zwei Teilen – auf Seite 34. Entweder direkt aus dem Buch oder nach dem Vergrößern oder Verkleinern mittels Kopiergerät zeichnen Sie die beiden Rankenteile auf Transparentpapier durch, schneiden Sie grob aus und kleben die Anschlußmarkierungen deckungsgleich aufeinander. Nun können Sie das Motiv auf das Porzellan übertragen (s. Seiten 16–19). Die einzelnen Blüten werden in drei verschiedenen Violett- und Rosatönen sorgfältig ausgearbeitet. Bitte achten Sie beim Malen darauf, daß sich der Rand der einzelnen Blütenblätter deutlich vom jeweils darunterliegenden Blatt abhebt, ohne daß dunkle Konturen

Die Detailaufnahme zeigt, wie sich die einzelnen Blütenblätter nur durch Farbabstufungen deutlich und plastisch voneinander abheben.

Die Blattrippen werden mit Hilfe eines Gummistifts herausgearbeitet; dieser Stift ermöglicht es, die Farbe quasi wieder „herauszuradieren“.

eingemalt werden müssen. Es sollte hier nur Ton in Ton gearbeitet werden. Die fertigen Blüten werden eingebrannt. Danach ist die Graphitzeichnung verschwunden, man muß sie nochmals nachpausen (s. Seite 18). Die Transparentpapier-Vorlage, mit Klebestreifen auf dem Teller fixiert, ermöglicht ein deckungsgleiches Nachzeichnen. Jetzt werden die einzelnen Blätter mit zwei bis drei verschiedenen Grüntönen ausgemalt. Mit dem Gummistift hebt man die Blattrippen heraus; nach jedem Strich muß er sorgfältig gereinigt werden, um saubere Linien zu erhalten. Nun noch die Staubgefäße in die Blüten malen, dann folgt der Abschlußbrand.

Vorlage in Originalgröße
für den Teller mit
Malvenmotiv auf
Seite 33

Weitere Blütenmotive

Kindermotive

Bei Kindergeburtstagen, Taufen und anderen Familienfesten ist ein hübscher selbstbemalter Teller oder Becher sicher ein gern gesehenes Geschenk. Bei dem Teller mit der bunten Bimmelbahn wird nach dem Übertragen des Motivs (auf Seite 39) zunächst der Eisenbahnzug mit vorderem Schienenstrang, Schwellen und Tunneleingang ausgeführt. Der erste Brand verhindert das Verschmieren der Farben beim Weiterarbeiten. Wiese und Hügel werden in verschiedenen Grüntönen gestupft (s. Seite 26), der Himmel in Blau und der aus dem Schornstein der Lok quellende Dampf in Grau. Nach dem zweiten Brand können Sie den entsprechenden Namenszug einsetzen. Nun

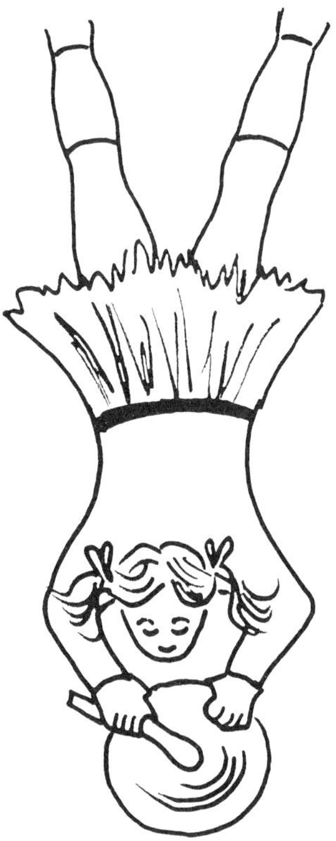

malen Sie den hinteren Schienenstrang, setzen Gräser und Sträucher auf Wiese und Hügel sowie Vögel in den Himmel. Zum Schluß ziehen Sie, wenn nötig, Konturen nach und frischen nach dem ersten Brand verblaßte Farben durch Übermalen auf. Abschließend erfolgt der dritte Farbbrand.
Bei dem zweiten Kinderteller malen Sie zunächst Kinder und Bälle und brennen dann, um anschließend die Wiese in verschiedenen Grüntönen zu stupfen. Sollten nach dem ersten Brand Korrekturen nötig sein (Konturen, Farbintensität), so können diese direkt nach dem Stupfen ausgeführt werden. Zwei Farbbrände reichen dann hier aus.

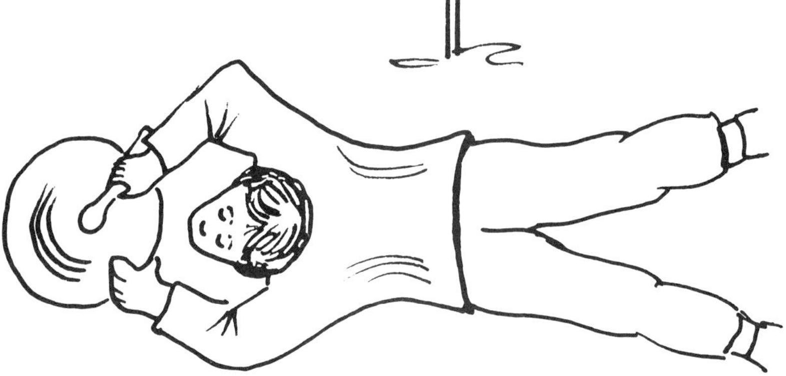

Malen mit Gold

Gold ist ein empfindliches Material, da es während der Verarbeitung sehr staubanfällig ist: Jedes Stäubchen hinterläßt auf Gold matte Flecken. So muß die Malerei bis zum Brennen sorgfältig abgedeckt werden.
Für den Anfänger ist es ratsam, mit Glanzgold zu beginnen, denn es ist fertig angerührt erhältlich. Vor dem Malen wird es mit einem Kunststoffstäbchen (kein Holz) aufgerührt. Man trägt mit einem eigens für die Goldmalerei reservierten Pinsel auf, denn Gold darf nicht mit Porzellanfarben gemischt werden. Auch Übermalungen sind nur nach jeweiligem Einbrennen möglich. Glanzgold wird bei 750–840 °C eingebrannt und bedarf keiner Nachbehandlung.

Auf bereits eingefärbtem Porzellan zu malen, kann sehr reizvoll sein. Bei diesem Teller heben sich die mit Glanzgold gemalten Staubgefäße von dem grauen Untergrund besonders gut ab. Die Orchidee ist nur in Schwarz gemalt, Abstufungen erreicht man durch unterschiedlich stark aufgesetztes Schwarz.

Welch „glänzende“ Effekte man mit Gold erzielen kann, zeigen die hübschen Porzellanrähmchen und die Mokkatasse im Bild oben. Auf Tasse und Untertasse werden zuerst Streublümchen und Monogramm, auf den Rahmen die Blütenranken (Vorlagen auf Seite 43) gemalt und eingebrannt. Dann werden die Goldausschmückungen ausgeführt, bevort der zweite, abschließende Brand erfolgt.

Vorlage für den Orchideen-Teller auf Seite 40

Mit Glanzgold kann man sehr dekorative Akzente setzen, wie die Vase auf Seite 44 beweist. Rechts die Malvorlage dazu. Zuerst werden Blüte und Blattwerk gemalt und eingebrannt, bevor man die breiten Goldlinien aufbringt.

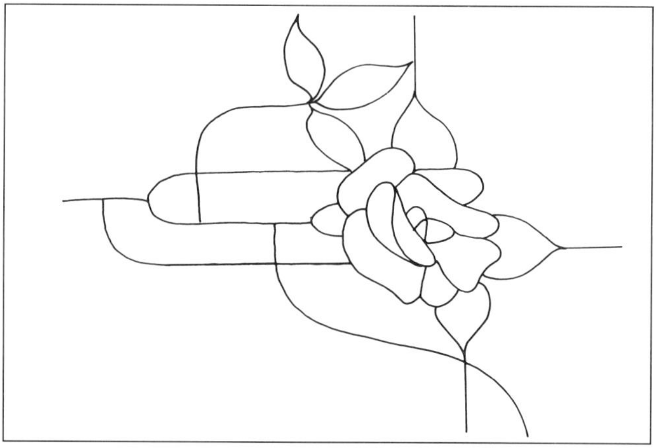

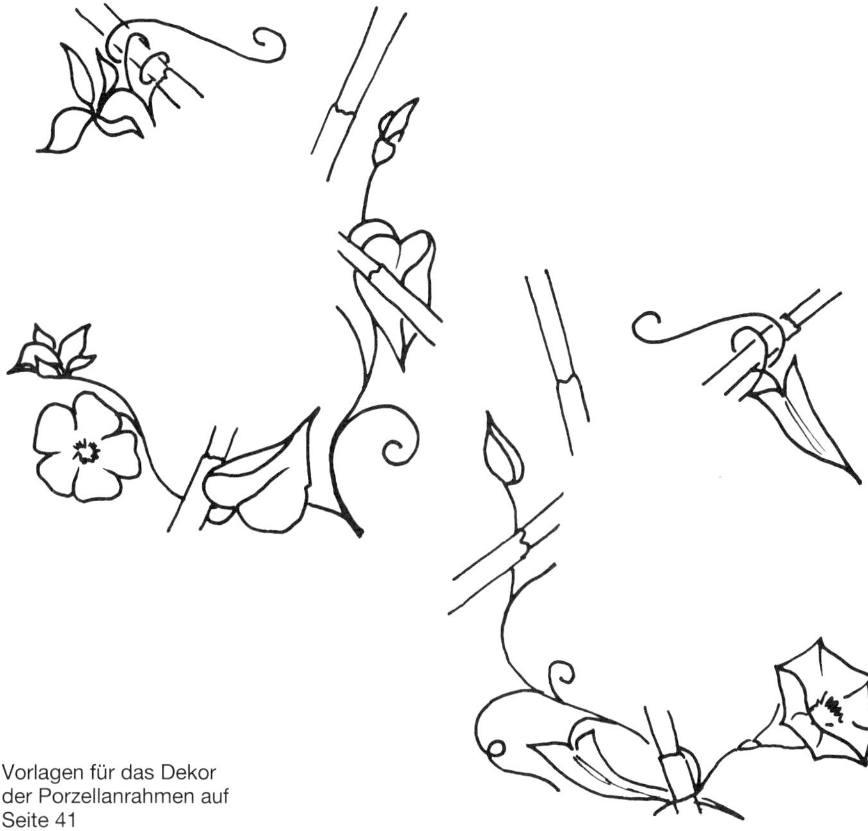

Vorlagen für das Dekor
der Porzellanrahmen auf
Seite 41

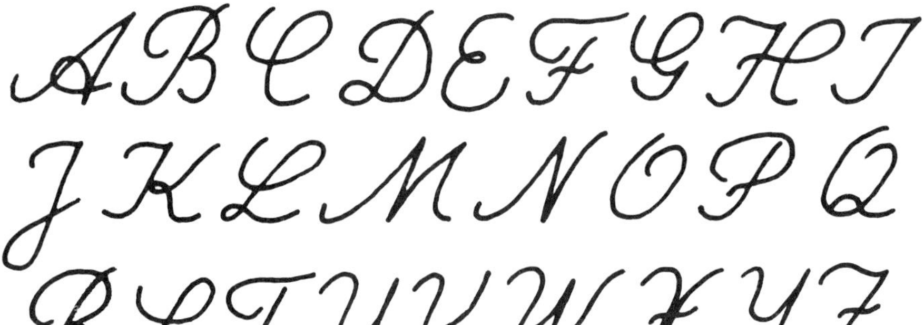

Konturenmalerei

Konturen sind Linien, die die Umrisse einer Malerei klar vom Hintergrund abheben, so daß eine flächige Wirkung erzielt wird.

Jugendstilmotive

Die meist umrißbetonten Motive aus der Zeit des Jugendstils lassen sich sehr gut in die Porzellanmalerei übertragen.

Für die Konturen mischen Sie schwarzes Farbpulver mit Milch zu einer zähflüssigen Paste an. Die Milch bewirkt, daß die Farbe auf dem glatten Porzellan gut haftet, und ermöglicht das Zeichnen zarter, gleichmäßiger Linien. Da die Farbe auch rasch antrocknet, ist ein Einbrennen vor dem Weiterarbeiten nicht unbedingt nötig, bei größeren Motiven allerdings ratsam.

Übertragen Sie zunächst die Konturen in gewohnter Weise auf das Porzellan und zeichnen Sie sie mit dem mit Milch verrührten Schwarz nach. Da die Farbe gut haftet, ist ein Einbrennen nicht unbedingt erforderlich.

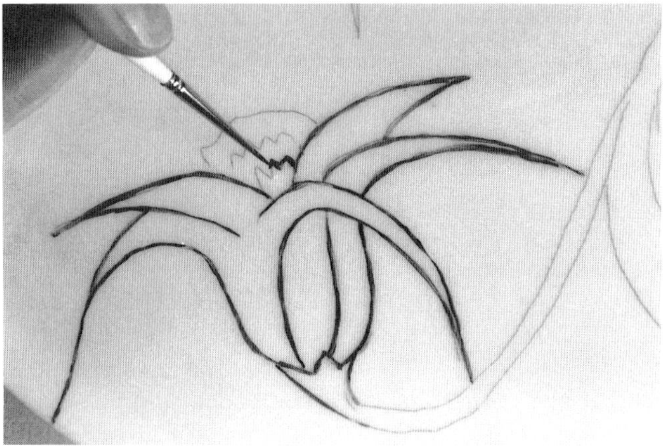

Für den Hintergrund reichlich Farbe mit LINE MEDIUM anrühren und die Fläche mit einem festen Seidenbausch gleichmäßig stupfen (s. Seite 26). Wo versehentlich das Motiv überdeckt worden ist, entfernen Sie die Farbe mit Hilfe eines Gummistifts, eines leicht angefeuchteten Pinsels oder eines in Seide eingebundenen Wattestäbchens.

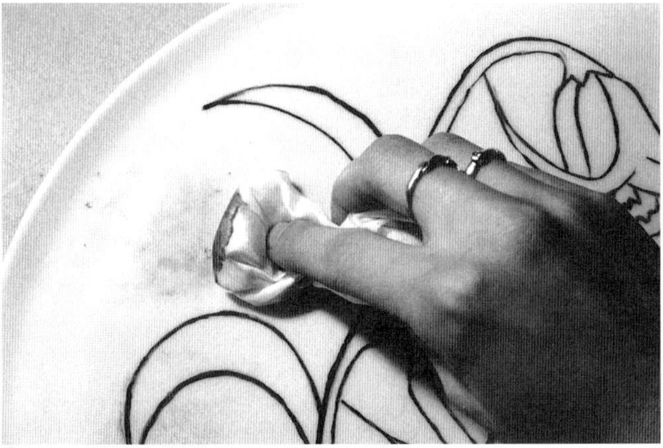

Blüten, Blätter und Stiele malen Sie nun mit kräftigen Farben sorgfältig aus. Zum Schluß wird die Malerei eingebrannt.

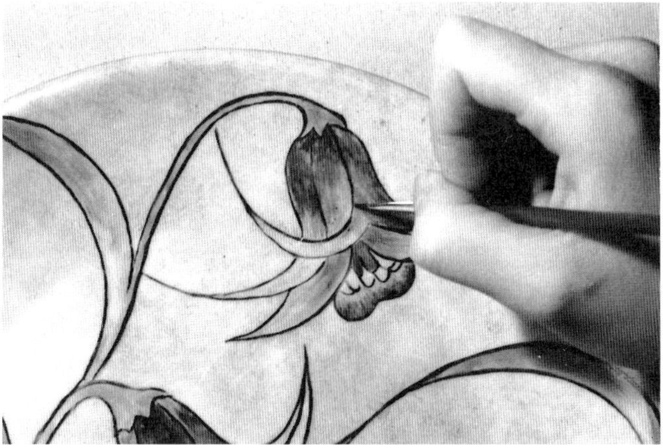

Tapetenmuster

Auf Tapeten und Geschenkpapier finden sich zahlreiche Motive für die Konturenmalerei. Schneiden Sie sich zunächst in der Größe des von Ihnen gewählten Tellers Transparentpapier zu und zeichnen Sie dann das vorgesehene Motiv durch.

Mit Graphitpapier übertragen Sie nun das Motiv auf den Teller. Ziehen Sie die Konturen, wie auf den vorangegangenen Seiten beschrieben, mit schwarzer Porzellanfarbe nach. Danach werden die Konturen eingebrannt.

Von innen heraus wird nun die Blüte Blatt für Blatt farblich ausgestaltet. Dabei kann man auch mit mehreren Farbtönen (außer Rot) ineinander und nebeneinander arbeiten, um eine lebendige Wirkung zu erzielen.

In verschiedenen Grüntönen wird dann das die Blüte umgebende Blattwerk angelegt und die fertige Malerei eingebrannt.

Ein dekoratives Motiv für einen Tortenheber aus Porzellan, ebenfalls mit schwarzen Konturen.

Weitere für die Konturenmalerei geeignete Vorlagen

Malen mit Schablonen

Für Ornamente, Wappen, grafische Muster wie auch geometrische Formen bietet sich die Technik der Schablonenmalerei an. Mit einer Schablone kann man, ohne gravierende Abweichungen, mehrere gleich aussehende Stücke herstellen. Auch großflächige Motive, wie bei dem hier gezeigten Bierkrug mit dem Stuttgarter Wappen, lassen sich einfach auf das Porzellan übertragen und ausstupfen.
Für die Schablone nimmt man am besten Tonpapier, aus dem mit Hilfe eines Schneidemessers das Motiv ausgeschnitten wird. Wenn Sie „in Serie" arbeiten wollen, sollten Sie für die Schablone einen etwas festeren Karton wählen.

Zuerst pausen Sie die Vorlage mit Graphitpapier auf ein festeres Tonpapier durch, dann schneiden Sie das Motiv mit einem Schneidemesser exakt heraus. Achten Sie darauf, daß an den Schnittkanten und besonders in den Ecken keine Papierfusseln stehenbleiben.

STUTTGART

Feuchten Sie die Schablone auf der Rückseite leicht an, damit sie besser auf dem Porzellan haftet, und befestigen Sie sie dann mit Klebestreifen auf dem Krug.

Nun stupfen Sie das Motiv mit nicht zu dünnflüssiger schwarzer Farbe sehr sorgfältig aus, so daß keine unerwünschten Farbabweichungen entstehen. Schließlich wird die Schablone vorsichtig entfernt.

Die Linien innerhalb des Motivs arbeiten Sie mit einem Gummistift oder einem leicht angefeuchteten Pinsel heraus. Danach bei 750–840 °C einbrennen.

Mit Klebestreifen wird jetzt die Begrenzung für die gelbe Hintergrundfläche abgeklebt.

Mit einem Seidenbausch stupfen Sie die Hintergrundfläche aus. Dabei läßt es sich kaum vermeiden, daß das Motiv an den Rändern überstupft wird. Größere Farbüberschneidungen lassen sich aber vermeiden, wenn man zuerst entlang der Konturen am Motiv sorgfältig mit einem Marderhaarpinsel vorstupft.

Nun wird das Motiv mit Hilfe eines Wattestäbchens, eines Gummistifts oder mit dem leicht angefeuchteten Marderhaarpinsel von Resten der gelben Farbe, die beim Stupfen das Schwarz verunreinigt hat, befreit. Anschließend ziehen Sie die Klebestreifen ab und brennen den gelben Fond ein.

Für den Schriftzug fertigen Sie ebenfalls eine Schablone an, fixieren sie mit Klebeband auf dem Krug und stupfen die Buchstaben mit schwarzer Farbe aus. Lösen Sie die Schablone ab und korrigieren Sie mit einem feinen Pinsel die Konturen der Buchstaben. Nun ziehen Sie noch einen dünnen schwarzen Rahmen um das Wappen, dann wird die Malerei eingebrannt.

Auch dieses dekorative Weintraubendekor wurde mittels Schablone auf die Platte gestupft. Nur die feinen Ranken sind nachträglich mit dem Pinsel hinzugefügt worden. Vergrößern Sie die Vorlage nach Ihren Wünschen und pausen Sie sie dann mit Graphitpapier auf Tonpapier durch. Schneiden Sie die in der Vorlage schwarz erscheinenden Flächen (ohne die feinen Ranken) aus – und schon ist die Schablone fertig.

Spritztechnik

Sehr einfach, aber effektvoll ist das Spritzen oder „Verpusten“ der Farbe auf Porzellan, wie die beiden Teller auf Seite 60 zeigen. Für diese Technik mischen Sie die Farbe etwas dünnflüssiger an und verteilen sie dann mit Hilfe eines dicken Strohhalms oder Trinkröhrchens pustend auf dem Porzellan. Etwas Luft braucht man schon dazu – aber die interessanten Effekte lohnen die Mühe. Allerdings ist es nicht ratsam, mehrere Farben in einem Arbeitsgang zu verpusten; da sie sich leicht vermischen, können unschöne Farbkombinationen entstehen. Deshalb muß jede Farbe separat eingebrannt werden, bevor eine neue Farbe aufgetragen wird.

Farbpulver tropfenweise mit LINE MEDIUM benetzen und sorgfältig miteinander verspachteln, bis eine klümpchenfreie, cremige Paste entstanden ist.

Bei der Spritztechnik empfiehlt es sich, das weiße Porzellan zunächst mit einer zarten Farbe zu stupfen und diese anschließend einzubrennen.

Nun mit einem stärkeren Pinsel die etwas verdünnte Farbe tropfenweise auf den Teller setzen und mit einem Strohhalm oder Trinkröhrchen auseinanderpusten.

Durch das Pusten verteilt sich die Farbe strahlenförmig vom Mittelpunkt nach außen. Die dabei entstehenden „Ausreißer“ kann man mit einem feinen Fehhaarpinsel leicht verziehen, so daß die Farbspritzer gleichmäßig über die Tellerfläche verteilt sind und keine Farblöcher stehenbleiben.

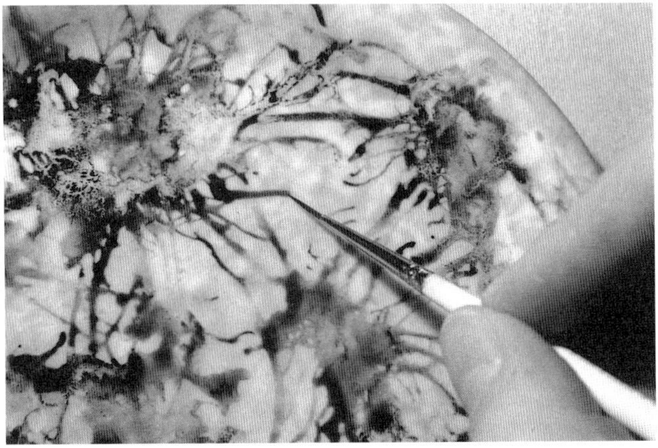

Flächenmalerei

In der Porzellanmalerei muß man sich nicht nur auf gegenständliche Darstellungen wie Blüten, Figuren, Tiere und Landschaften beschränken. Stilisierte Ornamente und Muster sowie geometrische und abstrakte Formen können, auf ganz andere Weise, ebenso dekorativ sein; der Teller unten ist dafür ein Beispiel.

Auf einem in der Größe des Tellers ausgeschnittenen Blatt Transparentpapier entwerfen Sie mit Lineal und Zirkel ein geometrisches Phantasiedekor.

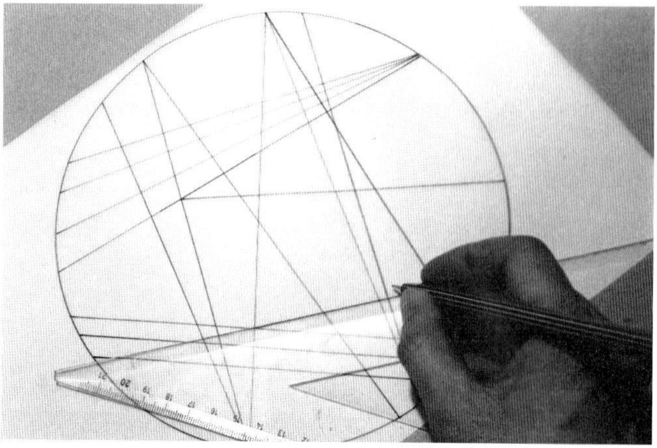

Nachdem Sie Graphitpapier auf den Teller gelegt haben, fixieren Sie darüber Ihren Entwurf mit Klebestreifen.

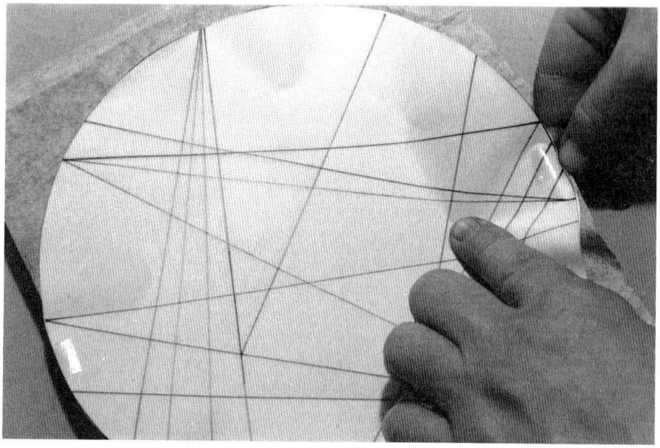

Mit einem biegsamen Lineal ziehen Sie die Linien des Entwurfs exakt nach. Dabei mit dem Stift fest aufdrükken, damit die Zeichnung auf dem Porzellan gut sichtbar wird.

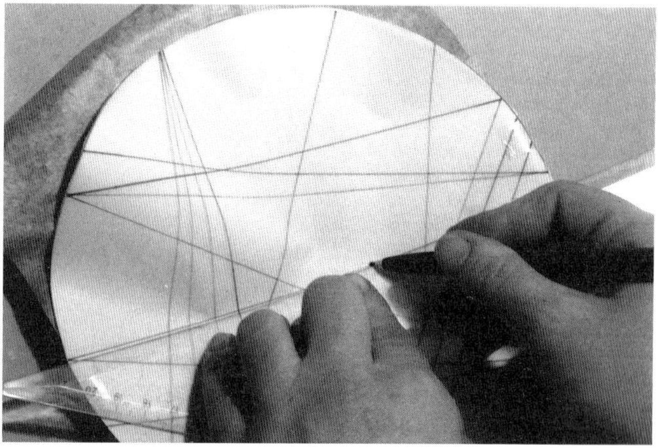

Zunächst die kleinen Felder mit dem Pinsel ausmalen und die Farbe einbrennen. Danach die verblaßten Graphitlinien mit dem Allstift nachziehen. Nun werden die größeren Farbflächen mit Marderhaarpinsel oder Seidenbausch gestupft. Der anschließende Farbbrand vollendet Ihr Werk.

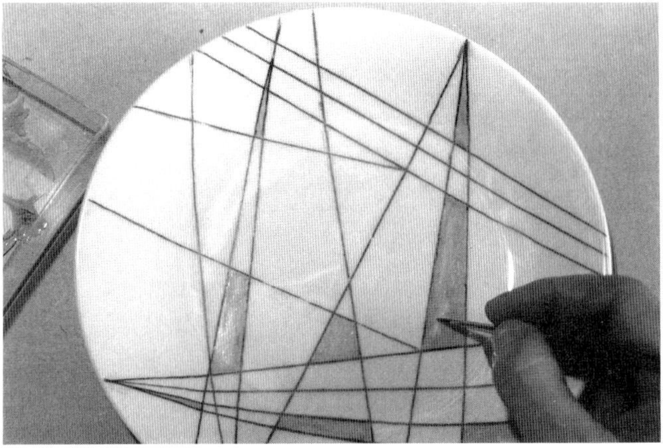

Auch wem die eher zufälligen Gebilde der Spritztechnik weniger zusagen, wird vielleicht gern den klaren, sich einander kreuzenden Linien folgen. Durch die farbliche Ausgestaltung der dabei entstehenden Flächen und die Kombination und Intensität der verschiedenen Farben kann jeder sein ganz individuelles Porzellandekor kreieren. Wer seiner eigenen Phantasie beim Entwerfen eines solchen Dekors nicht traut, findet vor allem bei Geschenkpapieren genügend Anregungen.
Bei großflächiger Malerei wird hauptsächlich gestupft (s. Seite 26), da sich die Porzellanfarben für das flächige Ausmalen nicht eignen.

Gestalten nach eigenem Geschmack

Wie einfarbige helle Stoffe mit Hilfe von Schablonen dekorativ bemalt werden können, zeigt dieses Buch. T-Shirts und Taschen, Vorhänge und Tischdecken können so ganz individuell aufgewertet werden. Selbst Omas weiße Aussteuerbettwäsche läßt sich auf diese Weise fröhlich bemalen.
Das Buch hält 20 Vorlagen für Schablonen bereit und erklärt deren Herstellung: Muscheln und Seesterne für die Strandtasche, Lokomotiven für das Kinderbett, Osterhasen für die Tischdecke. Mit einer Schablone lassen sich ganze Bordüren oder Rapporte gestalten.
Die Stoffe können unterschiedlich beschaffen sein, doch sollten sie überwiegend aus Naturmaterialien bestehen, damit die Textilfarben gut aufgenommen werden.
Richtig angewendet, lassen sich die bemalten Stücke sogar in der Waschmaschine waschen.

Angelika Orthaus / Jürgen Orthaus
Stoffe bemalen mit Schablonen
Wie man mit Schablonen Stoffe und Kleidungsstücke (z.B. T-Shirts) dekorativ und individuell gestalten kann.
64 Seiten.
ISBN 3-473-**45706**-X

Ursula Dübel
Seide bemalen
Direkt in die Praxis umsetzbar sind die ausführlichen Arbeitsanleitungen dieses Buches, das aktuelle Motive der traditionellen Seidenmaltechnik anbietet.
64 Seiten.
ISBN 3-473-**45650**-0